AF187814

Impressum
Verlag: BABADADA GmbH, Nedderfeld 112 , 22529 Hamburg
Geschäftsführer / Verlagsleitung: Harald Hof
Druck: Books on Demand GmbH, In de Tarpen 42, 22848 Norderstedt

Imprint
Publisher: BABADADA GmbH, Nedderfeld 112 , 22529 Hamburg, Germany
Managing Director / Publishing direction: Harald Hof
Print: Books on Demand GmbH, In de Tarpen 42, 22848 Norderstedt

shkolla
school

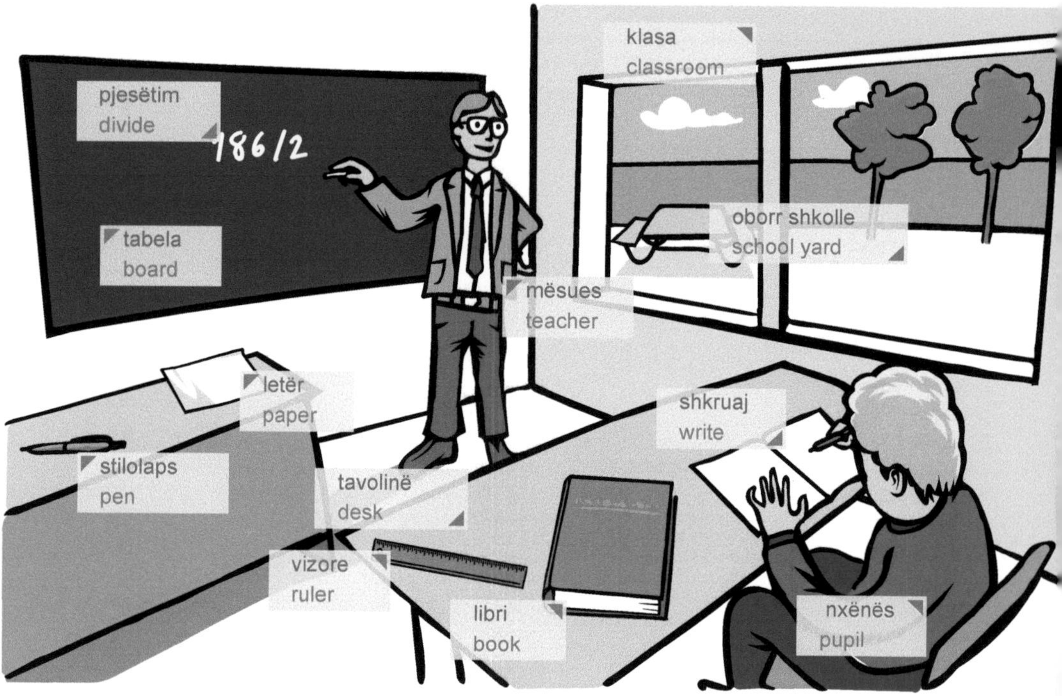
klasa
classroom
pjesëtim
divide
186/2
tabela
board
oborr shkolle
school yard
mësues
teacher
letër
paper
shkruaj
write
stilolaps
pen
tavolinë
desk
vizore
ruler
libri
book
nxënës
pupil

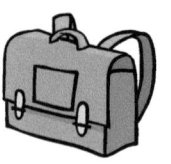

çantë

satchel

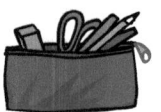

mbajtëse lapsash

pencil case

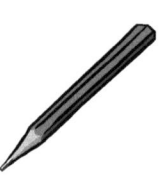

laps

pencil

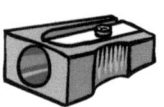

mprehës lapsash

pencil sharpener

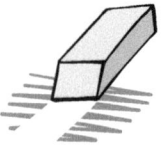

gomë

rubber

fletore vizatimi

drawing pad

vizatim

drawing

penel

paintbrush

kuti bojërash

paint box

gërshërë

scissors

ngjitës

glue

fletore detyrash

exercise book

detyrë shtëpie

homework

12

numër

number

2+2

mbledh

add

5-2

zbres

subtract

2×2

shumëzoj

multiply

llogaris

calculate

A

gërmë

letter

ABCDEFG HIJKLMN OPQRSTU VWXYZ

alfabeti

alphabet

hello

fjalë

word

tekst

text

lexoj

read

shkumës

chalk

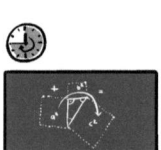

mësim

lesson

regjistër

register

provim

exam

çertifikatë

certificate

uniformë shkolle

school uniform

arsimim

education

enciklopedia

encyclopedia

universitet

university

mikroskop

microscope

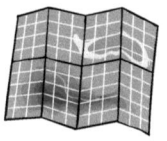

hartë

map

kosh letrash

waste-paper basket

udhëtim

travel

hotel
hotel
Grand
bujtinë
hostel
ROOMS
CHANGE
pikë këmbimi valutor
bureau de change
valixhe
suitcase
makinë
car

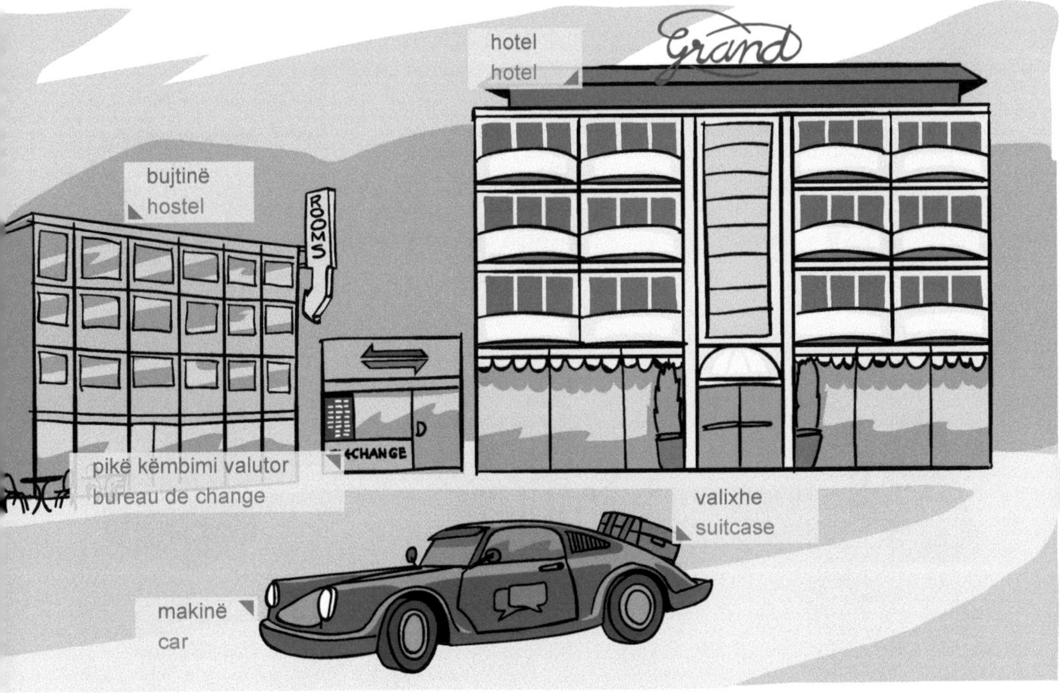

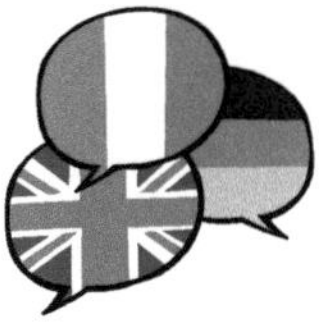

gjuhë

language

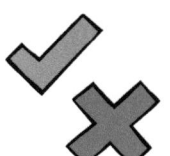

po / jo

yes / no

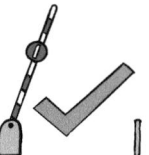

Në rregull

Okay

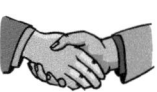

ç'kemi

hello

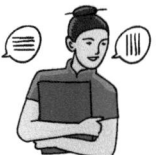

përkthyes

translator

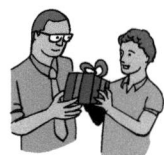

Faleminderit

Thank you

sa kushton...?

how much is...?

nuk e kuptoj

I do not understand

problem

problem

Mirëmbrëma!

Good evening!

Mirëmëngjes!

Good morning!

Natën e mirë!

Good night!

mirupafshim

bye bye

drejtim

direction

bagazhet

luggage

çantë

bag

çantë shpine

backpack

mysafir

guest

dhomë

room

thes gjumi

sleeping bag

tendë

tent

informacion për turistët

tourist information

plazh

beach

kartë krediti

credit card

mëngjes

breakfast

drekë

lunch

darkë

dinner

Biletë

ticket

ashensor

lift

pulla

stamp

kufi

border

doganë

customs

ambasadë

embassy

vizë

visa

pasaportë

passport

transport
transport

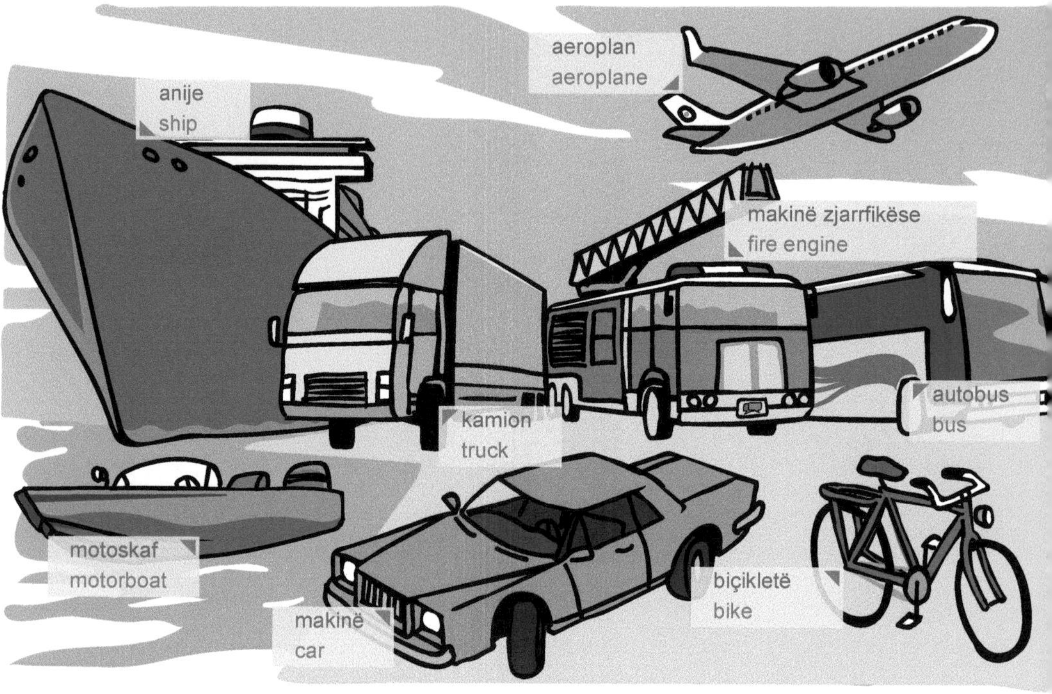
anije
ship
aeroplan
aeroplane
makinë zjarrfikëse
fire engine
kamion
truck
autobus
bus
motoskaf
motorboat
makinë
car
biçikletë
bike

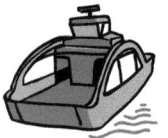

traget

ferry

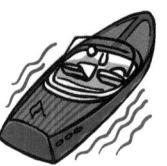

varkë

boat

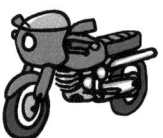

motoçikletë

motorbike

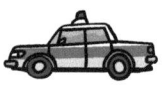

makinë policie

police car

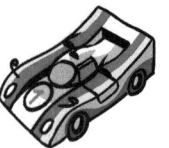

makinë garash

racing car

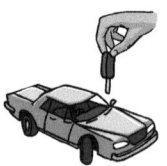

makinë me qira

rental car

darje e qirasë së makinës

car sharing

karroatrec

breakdown truck

makinë plehrash

refuse truck

motor

motor

benzinë

fuel

pikë karburanti

petrol station

sinjalistikë trafiku

traffic sign

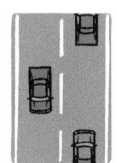

trafik

traffic

bllokim trafiku

traffic jam

parkim makinash

car park

stacion treni

train station

trase

tracks

tren

train

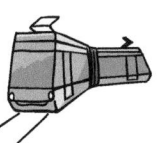

tramvaj

tram

karro

carriage

helikopter

helicopter

aeroport

airport

kullë

tower

pasagjer

passenger

kontenier

container

kuti kartoni

carton

qerre

cart

shportë

basket

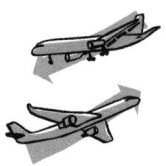

ngrihem / ulem

take off / land

qytet

city

fshat

village

qendra e qytetit

city centre

shtëpi

house

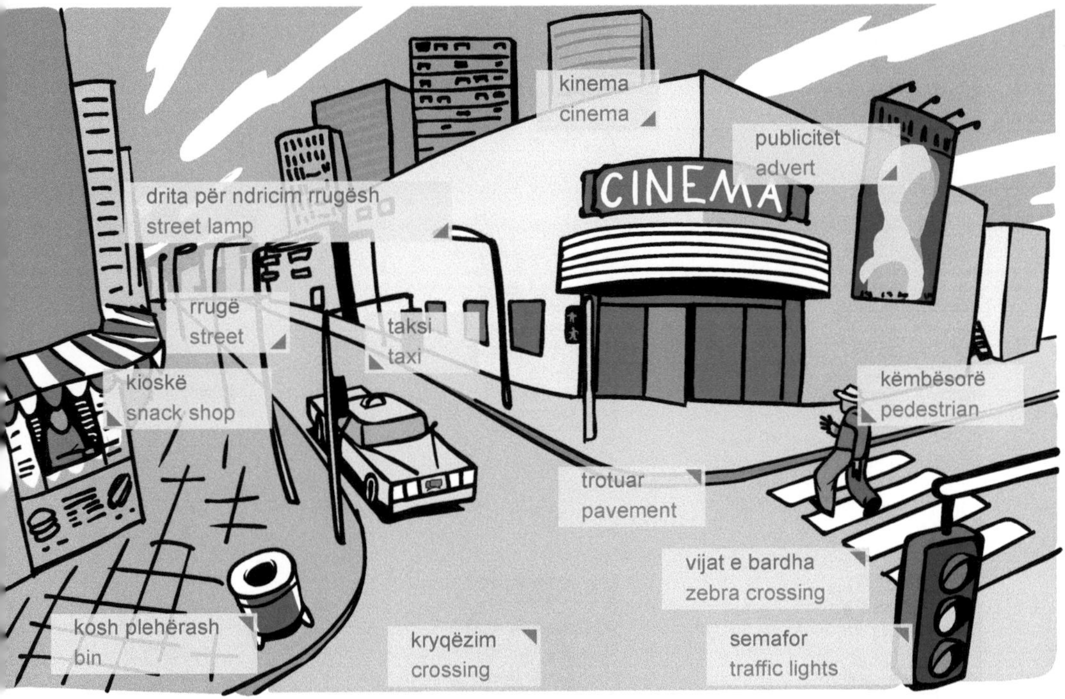

kinema
cinema

publicitet
advert

drita për ndricim rrugësh
street lamp

CINEMA

rrugë
street

taksi
taxi

kioskë
snack shop

këmbësorë
pedestrian

trotuar
pavement

vijat e bardha
zebra crossing

kosh plehërash
bin

kryqëzim
crossing

semafor
traffic lights

kasolle
hut

apartament
flat

stacion treni
train station

bashki
town hall

muze
museum

shkolla
school

universitet
university

bankë
bank

spital
hospital

hotel
hotel

farmaci
pharmacy

zyrë
office

librari
book shop

dyqan
shop

dyqan lulesh
florist's

supermarket
supermarket

market
market

mapo
department store

dyqan peshku
fishmonger's

qëndër tregtare
shopping centre

port
harbour

park
park

stol
bench

urë
bridge

shkallë
stairs

metro
underground

tunel
tunnel

stacion autobuzi
bus stop

bar
bar

restorant
restaurant

kuti postare
postbox

sinjalistikë rrugore
street sign

kohëmatës parkimi
parking meter

kopsht zoologjik
zoo

pishinë
swimming pool

xhami
mosque

qytet - city

fermë
farm

ndotje
pollution

varrezë
graveyard

kishë
church

shesh lojërash
playground

tempull
temple

peisazh

landscape

gjethe
leaf

tabela orientuese
signpost

rrugë
way

livadh
meadow

gurë
stone

ekskursionist
hiker

pemë
tree

lumë
river

bar
grass

lule
flower

luginë

valley

kodër

hill

liqen

lake

pyll

forest

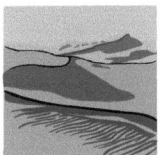

shkretëtirë

desert

vullkan

volcano

kështjellë

castle

ylber

rainbow

kepudhë

mushroom

palmë

palm tree

mushkonjë

mosquito

mizë

fly

milingonë

ant

bletë

bee

merimangë

spider

brumbull

beetle

bretkosë

frog

ketër

squirrel

iriq

hedgehog

lepur

hare

buf

owl

zog

bird

mjellmë

swan

derr i egër

boar

dre

deer

dre brilopatë

moose

digë

dam

turbinë ere

wind turbine

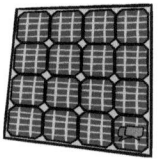

panel diellor

solar panel

klimë

climate

restorant
restaurant

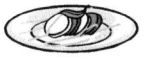

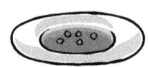

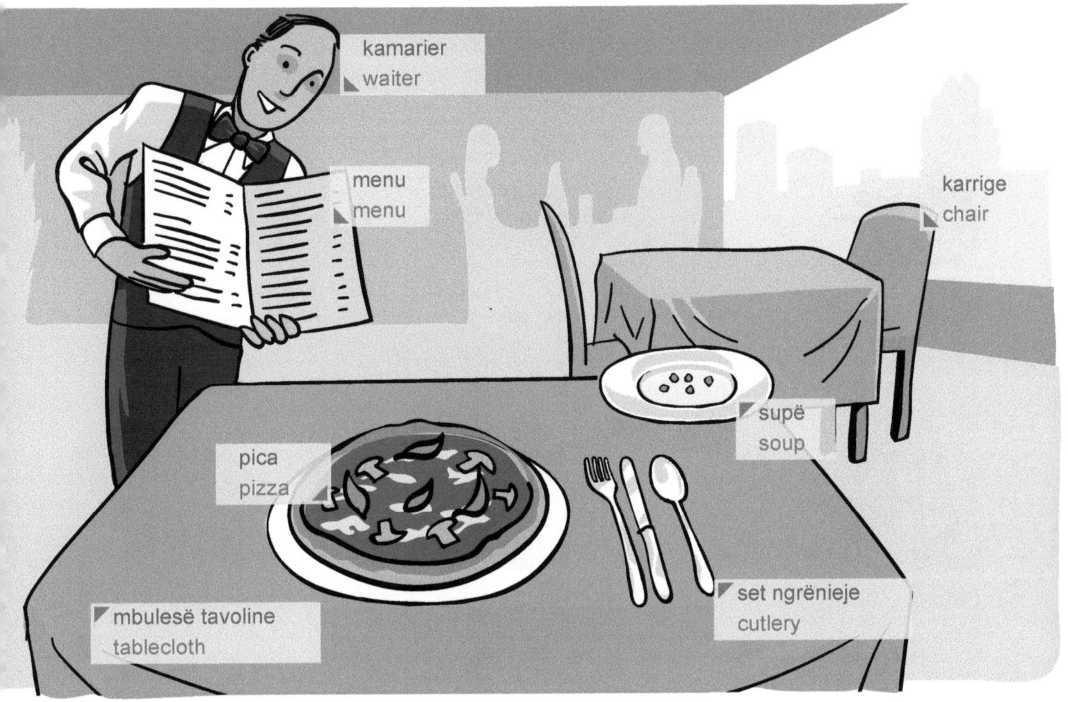
kamarier
waiter
menu
menu
karrige
chair
supë
soup
pica
pizza
set ngrënieje
cutlery
mbulesë tavoline
tablecloth

pjatë e parë

starter

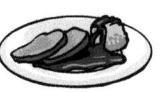

pjatë kryesore

main course

ëmbëlsirë

dessert

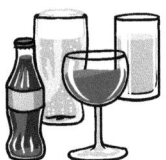

pije

drinks

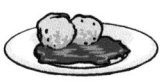

ushqim

food

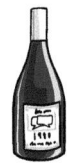

shishe

bottle

ushqim i shpejtë

fast food

ushqim i shërbyer në rrugë

street food

ibrik çaji

teapot

kuti sheqeri

sugar bowl

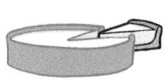

racion

portion

makinë kafeje ekspres

espresso machine

karrige e lartë

high chair

faturë

bill

tabaka

tray

thika

knife

pirun

fork

lugë

spoon

lugë çaji

teaspoon

pecetë

serviette

gotë

glass

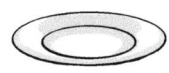

pjatë

plate

pjatë supe

soup plate

pjatë filxhani

saucer

salcë

sauce

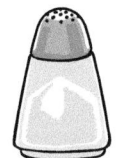

mbajtëse kripe

salt pot

mulli piperi

pepper mill

uthull

vinegar

vaj

oil

erëza

spices

keçap

ketchup

mustardë

mustard

majonezë

mayonnaise

supermarket

supermarket

ofertë speciale
special offer
FOR
klient
customer
produkte bulmeti
dairy
frut
fruit
karrocë pazari
trolley

BUTCHERS

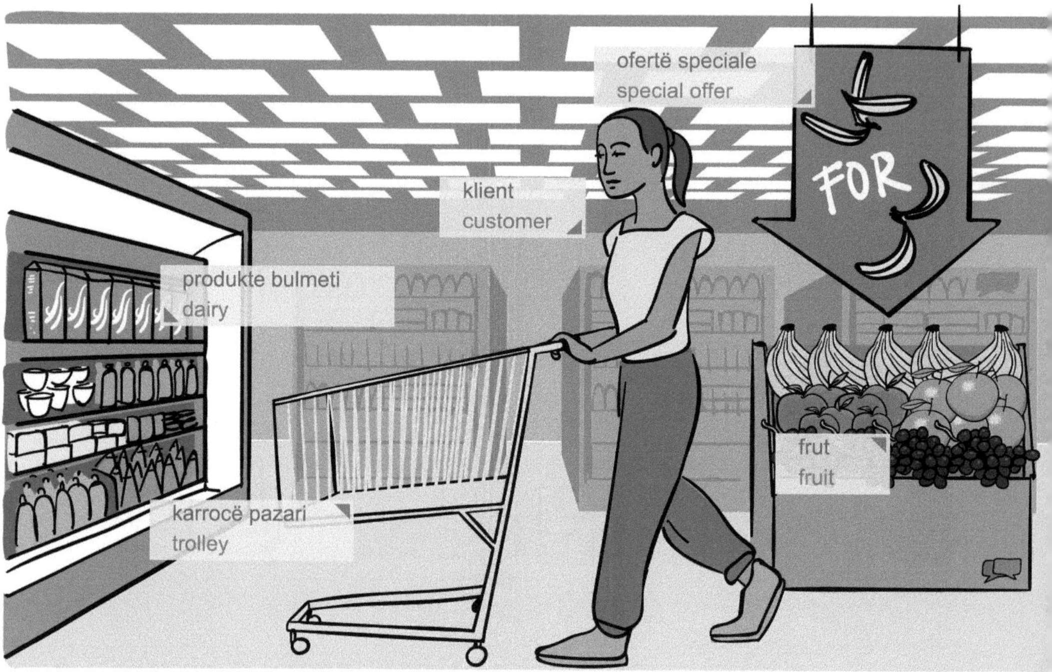

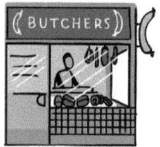

dyqan mishi

butcher´s

BAKERY

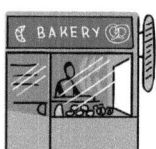

furrë buke

baker´s

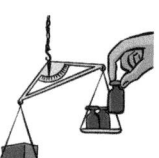

peshoj

weigh

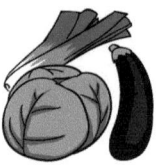

perime

vegetables

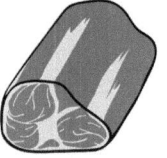

mish

meat

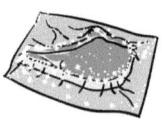

ushqim i ngrirë

frozen food

copë

cold meat

ushqim i konservuar

tinned food

pluhur larës

washing powder

ëmbëlsirat

sweets

prodhime shtëpie

household products

produkte pastrimi

cleaning products

shitëse

salesperson

kasë fiskale

till

arkëtar

cashier

listë blerjeje

shopping list

oraret e punës

opening hours

portofol

wallet

kartë krediti

credit card

çantë

bag

qese plastike

plastic bag

supermarket - supermarket

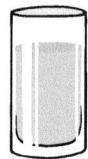

ujë

water

lëng frutash

juice

qumësht

milk

koka-kola

coke

verë

wine

birrë

beer

alkool

alcohol

kakao

cocoa

çaj

tea

kafe

coffee

kafe ekspres

espresso

kapuçino

cappuccino

banane

banana

mollë

apple

portokalle

orange

pjepër

melon

limon

lemon

karrotë

carrot

hudhër

garlic

bambu

bamboo

qepë

onion

kërpudha

mushroom

arra

nuts

makarona

noodles

spageti

spaghetti

oriz

rice

sallatë

salad

patate të skuqura

chips

patate të skuqura

fried potatoes

pica

pizza

hamburger

hamburger

sanduiç

sandwich

shnicel

cutlet

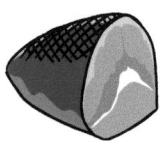

proshutë

ham

sallam

salami

salçiçe

sausage

pulë

chicken

skuq

roast

peshk

fish

tërshërë

porridge oats

drithëra

muesli

kornfleiks

cornflakes

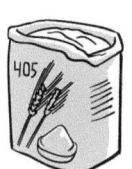

miell

flour

kruasant

croissant

panine

bread roll

bukë

bread

tost

toast

biskotë

biscuits

gjalp

butter

gjizë

curd

tortë

cake

vezë

egg

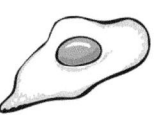

vezë sy

fried egg

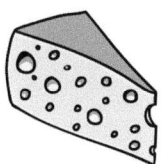

djathë

cheese

akullore

ice cream

sheqer

sugar

mjaltë

honey

marmaladë

jam

çokokrem

chocolate spread

këri

curry

fermë

farm

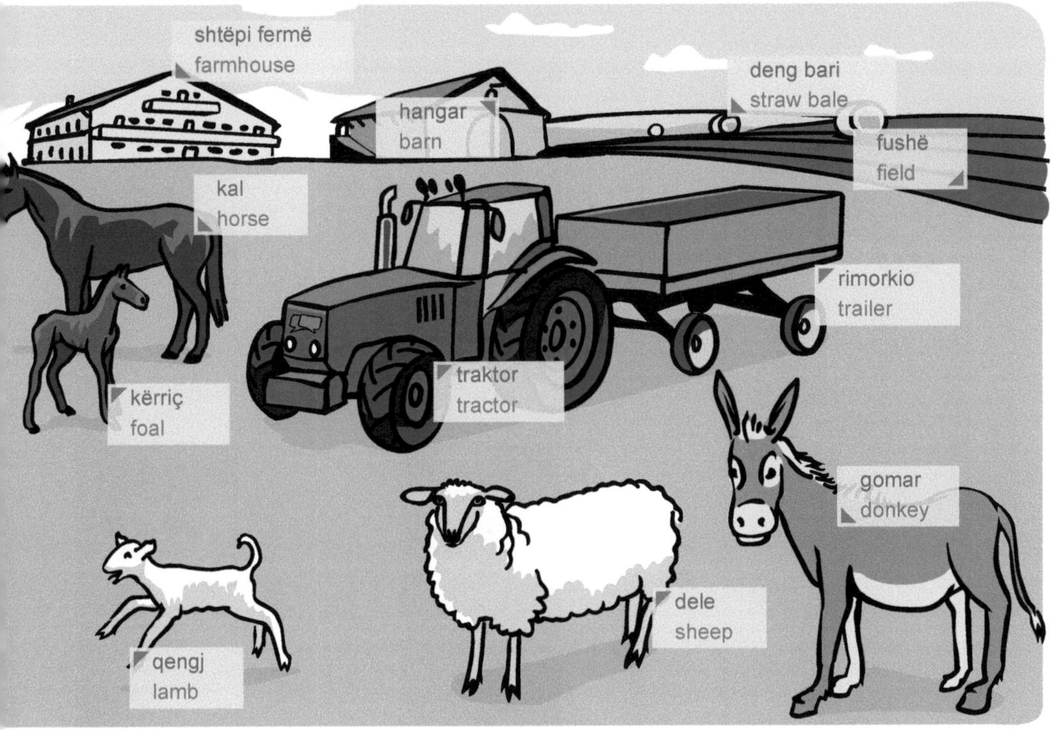
shtëpi fermë
farmhouse
hangar
barn
deng bari
straw bale
fushë
field
kal
horse
rimorkio
trailer
traktor
tractor
kërriç
foal
gomar
donkey
dele
sheep
qengj
lamb

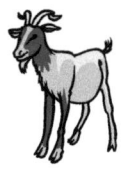

dhi

goat

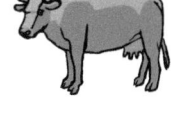

lopë

cow

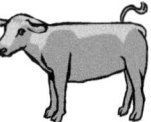

viç

calf

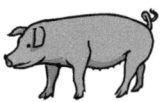

derr

pig

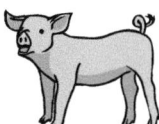

derrkuc

piglet

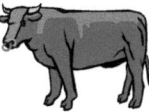

dem

bull

patë

goose

rosë

duck

zog pule

chick

pulë

hen

gjel

cock

mi

rat

mace

cat

mi

mouse

buall

ox

qen

dog

kolibe qeni

doghouse

zorrë vaditëse

garden hose

vaditëse

watering can

kosë

scythe

plug

plough

draprër
sickle

shat
hoe

kosa
pitchfork

sëpatë
axe

karrocë
wheelbarrow

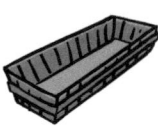

govatë
trough

bidon qumështi
milk can

thes
sack

gardh
fence

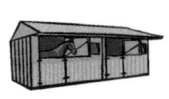

ahur
stable

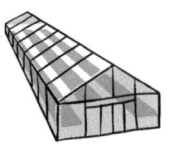

serë
greenhouse

dhe
soil

farë
seed

pleh
fertilizer

autokombanjë
combine harvester

 fermë - farm

korr

harvest

te korrat

harvest

patate e ëmbël "Yam"

yams

grurë

wheat

soja

soy

patate

potato

misër

corn

raps

rapeseed

pemë frutore

fruit tree

zhardhok manioku

cassava

drithëra

cereals

shtëpi

house

oxhak
chimney
çati
roof
shkarkues uji
drainpipe
dritare
window
garazh
garage
zile e derës
doorbell
derë
door
kosh plehërash
rubbish bin
kuti postare
letterbox
kopësht
garden

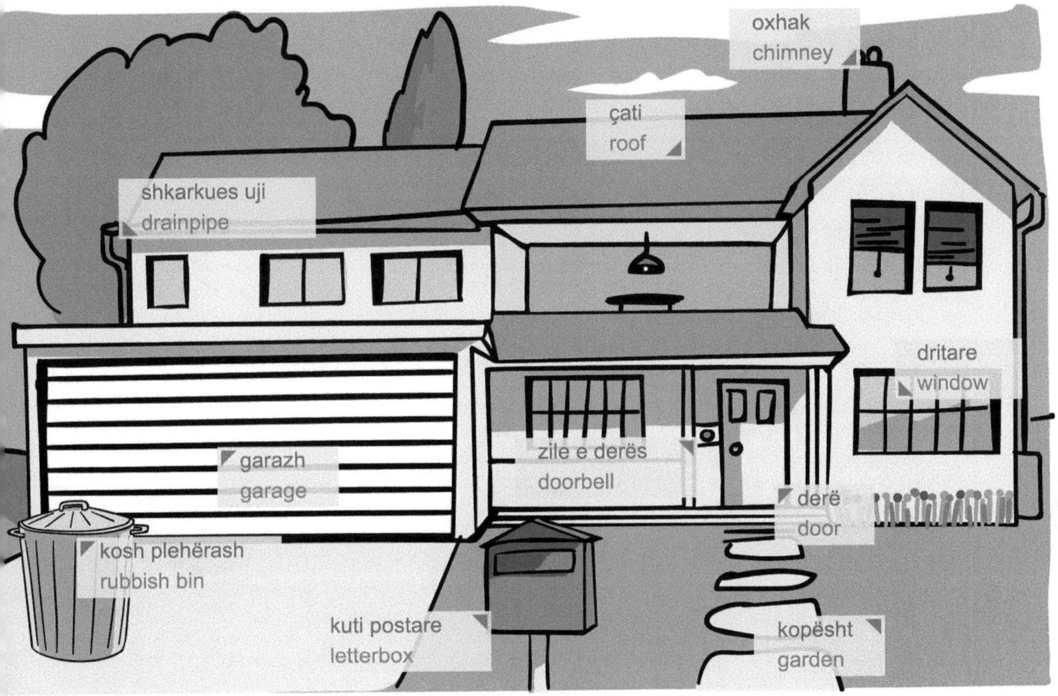

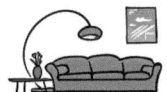

dhomë ndenjeje

living room

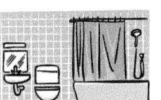

tualet

bathroom

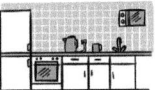

kuzhinë

kitchen

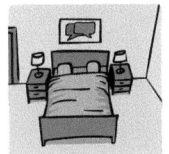

dhomë gjumi

bedroom

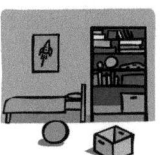

dhomë fëmijësh

child's room

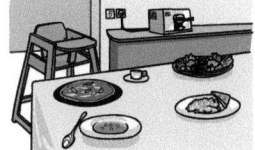

dhomë ngrënieje

dining room

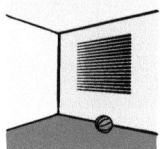

dysheme

floor

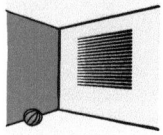

mur

wall

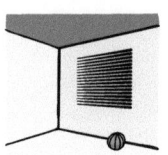

tavan

ceiling

bodrum

cellar

sauna

sauna

ballkon

balcony

tarracë

terrace

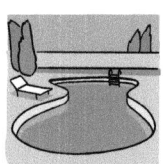

pishinë

pool

kositëse bari

lawn mower

çarçaf

sheet

kuvertë

bedspread

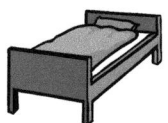

krevat

bed

fshesë dore

broom

kovë

bucket

çelës

switch

dhomë ndenjeje
living room

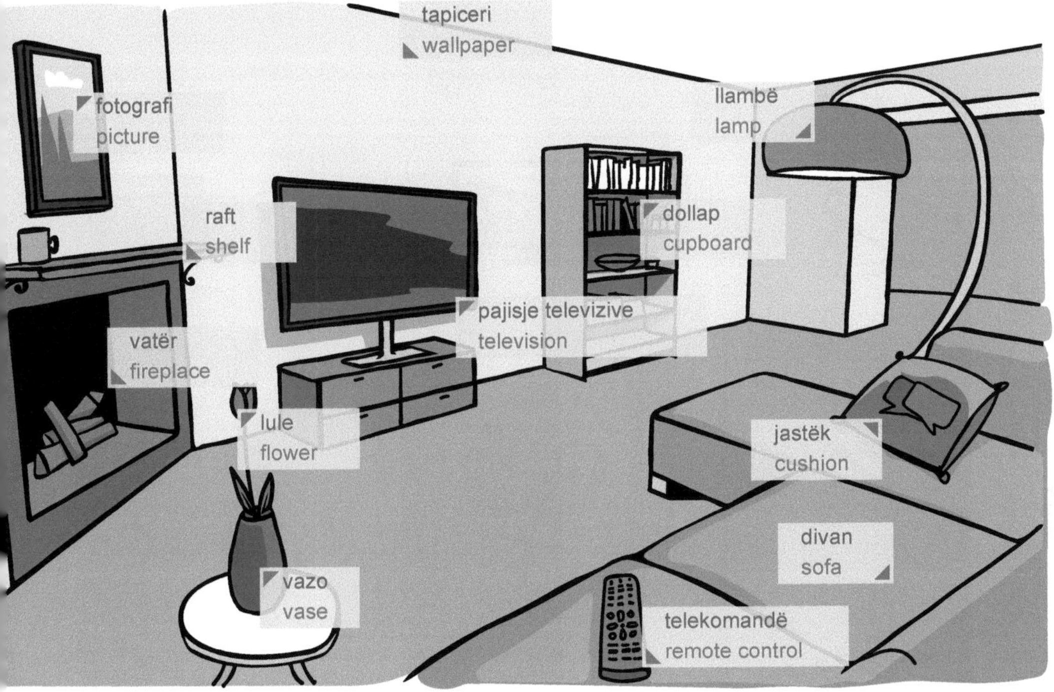

tapiceri
wallpaper
fotografi
picture
llambë
lamp
raft
shelf
dollap
cupboard
pajisje televizive
television
vatër
fireplace
lule
flower
jastëk
cushion
divan
sofa
vazo
vase
telekomandë
remote control

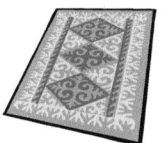

qilim

carpet

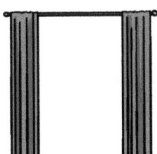

perde

curtain

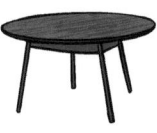

tavolinë

table

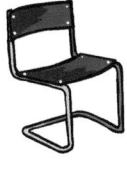

karrige

chair

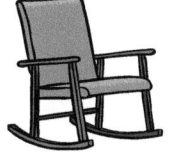

karrige lëkundëse

rocking chair

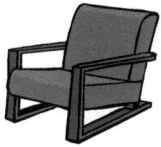

kolltuk

armchair

libri

book

batanije

blanket

zbukurime

decoration

dru zjarri

firewood

film

film

stereo

hi-fi equipment

çelës

key

gazetë

newspaper

pikturë

painting

afishe

poster

radio

radio

bllok shënimesh

notepad

fshesë me korent

hoover

kaktus

cactus

qiri

candle

kuzhinë
kitchen

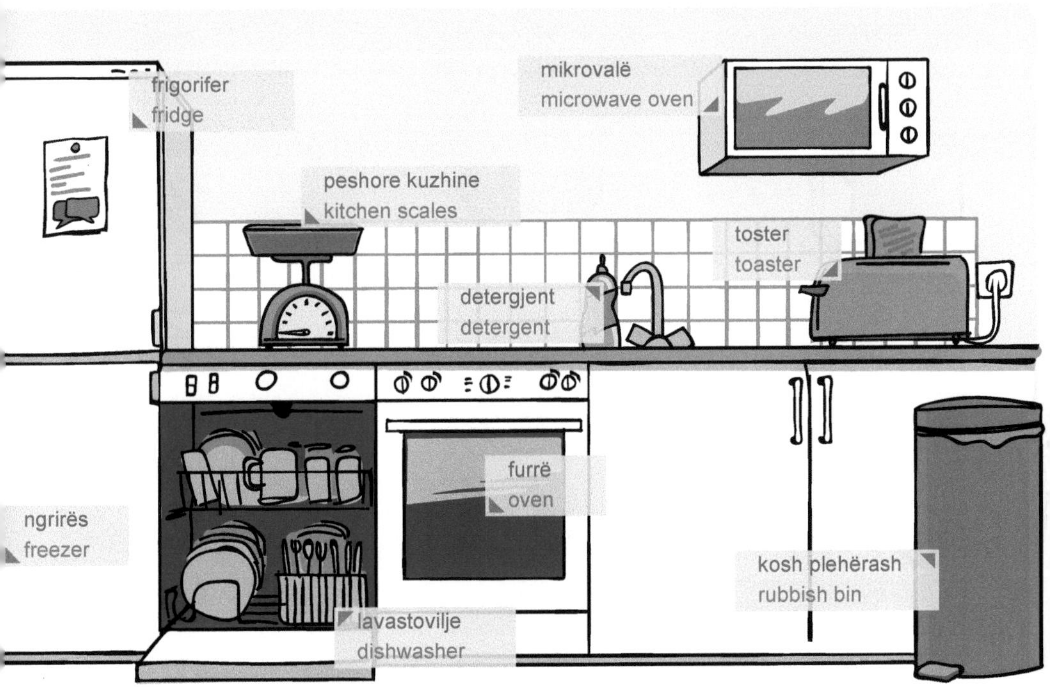

frigorifer
fridge
mikrovalë
microwave oven
peshore kuzhine
kitchen scales
toster
toaster
detergjent
detergent
furrë
oven
ngrirës
freezer
kosh plehërash
rubbish bin
lavastovilje
dishwasher

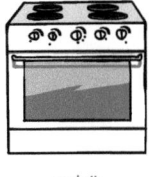

sobë

cooker

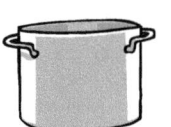

tenxhere

pot

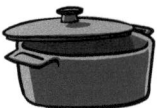

tenxhere me kapak

cast-iron pot

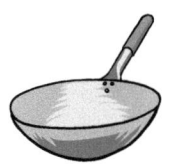

tigan special (Wok)

wok / kadai

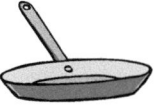

tigan

pan

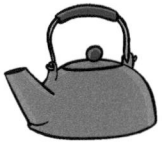

çajnik

kettle

tenxhere me avull

steamer

tavë pjekjeje

baking tray

enë

crockery

filxhan

mug

tas

bowl

shkopinj

chopsticks

garuzhde

ladle

spatul

spatula

tel kuzhine

whisk

kulluese

strainer

sitë

sieve

rende

grater

havan

mortar

skarë

barbecue

zjarr

open fire

dërrasë për prerje

chopping board

okllai

rolling pin

heqëse tapash

corkscrew

kanaçe

can

hapëse kanaçeje

can opener

rrobë për të kapur tenxheren

pot holder

lavaman

sink

furçë

brush

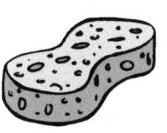

sfungjer

sponge

përzjerës

blender

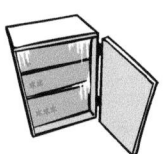

ngrirës

deep freezer

biberon për lëngje

baby bottle

rubinet

tap

tualet
bathroom

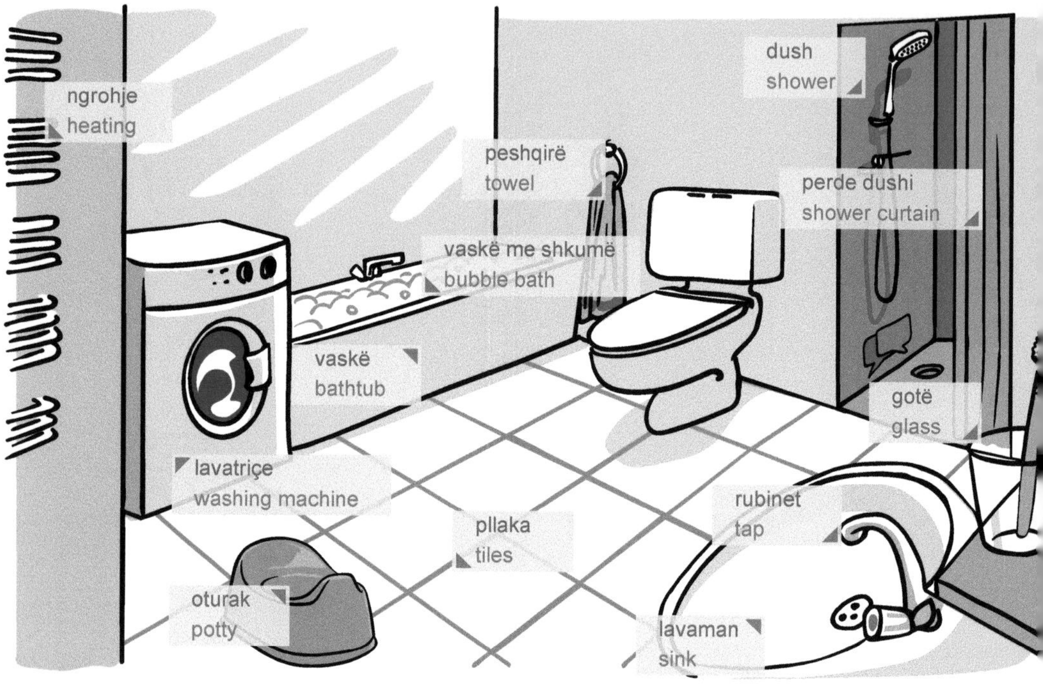

dush
shower
ngrohje
heating
peshqirë
towel
perde dushi
shower curtain
vaskë me shkumë
bubble bath
vaskë
bathtub
gotë
glass
lavatriçe
washing machine
rubinet
tap
pllaka
tiles
oturak
potty
lavaman
sink

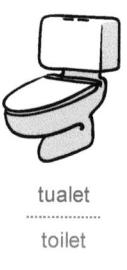

tualet

toilet

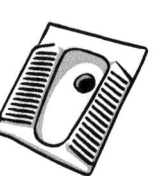

WC e sheshtë

squat toilet

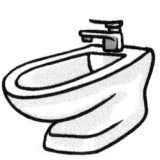

bide

bidet

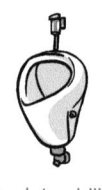

tualet publik

urinal

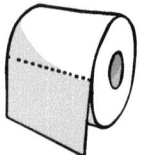

letër higjienike

toilet paper

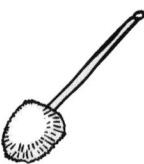

furçe për WC

toilet brush

furçë dhëmbësh

toothbrush

pastë dhëmbësh

toothpaste

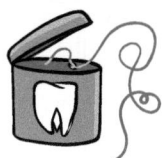

fije dentare

dental floss

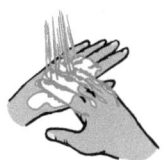

laj

wash

dorezë dushi

handheld shower

larës për zonën intime

douche

legen

basin

furçë për masazh shpine

back brush

sapun

soap

shampo trupi

shower gel

shampo

shampoo

leckë pastruese

flannel

kullues

drain

krem

cream

antidjersë

deodorant

pasqyrë

mirror

pasqyrë dore

hand mirror

brisk rroje

razor

shkumë rroje

shaving foam

locion pas rrojes

aftershave

krehër

comb

furçë

brush

tharëse flokësh

hair dryer

llak për flokët

hairspray

grim

makeup

buzëkuq

lipstick

manikyr

nail varnish

mbushje pambuku

cotton wool

gërshërë për thonj

nail scissors

parfum

perfume

tualet - bathroom

antë për sendet personale

washbag

Stol

stool

peshore

weighing scale

robëdëshambër

bathrobe

dorashka gome

rubber gloves

tampon

tampon

peceta higjienike

sanitary towel

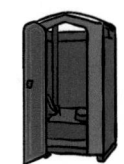

tualet I lëvizshëm

chemical toilet

dhomë fëmijësh

child's room

orë me zile
alarm clock
lodra me pellushë
cuddly toy
makinë lodër
toy car
rraketake
rattle
shtëpi kukullash
doll's house
dhuratë
present

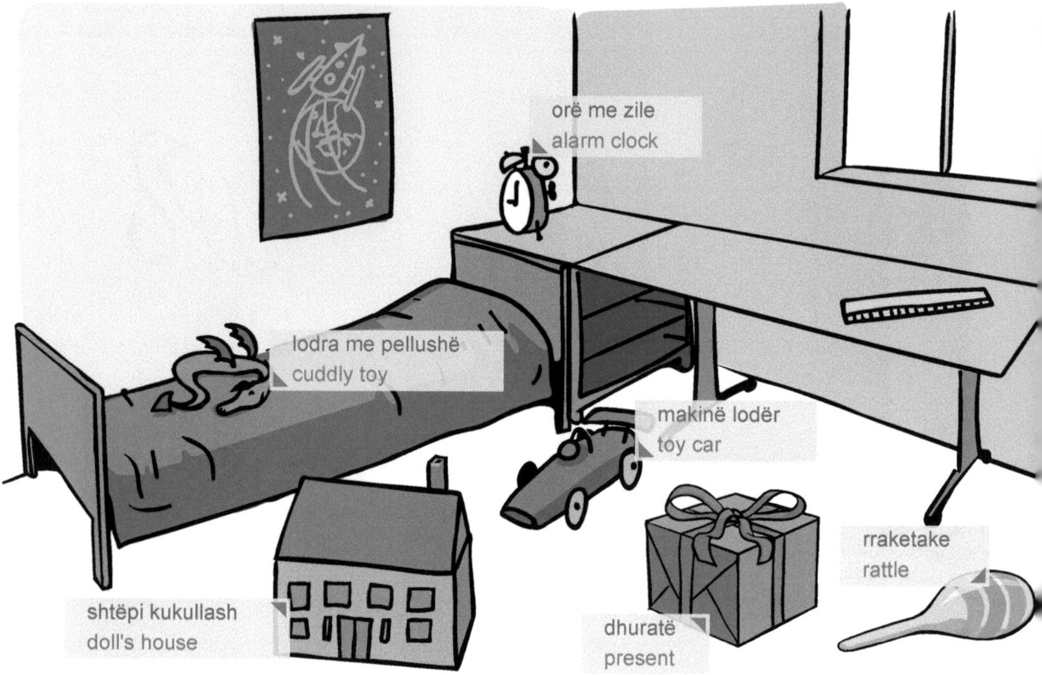

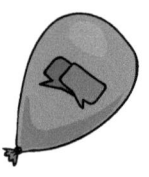

tollumbace

balloon

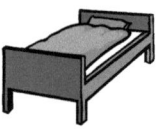

krevat

bed

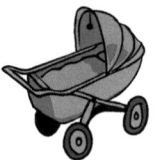

karrocë fëmijësh

pram

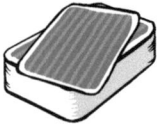

lojë me letra

deck of cards

bashkim pjesësh me figura

jigsaw

SUPER
MEGA

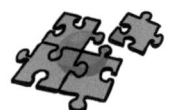

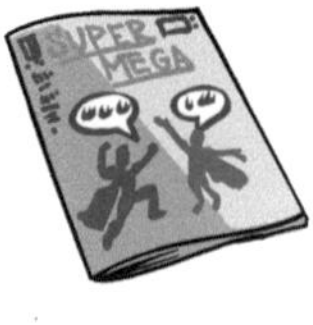

komik

comic

formuese lodër

lego bricks

kuba plastikë

building blocks

lodra

action figure

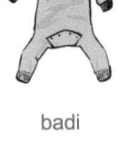

badi

babygrow

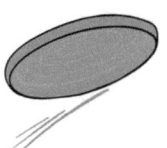

frizbi

frisbee

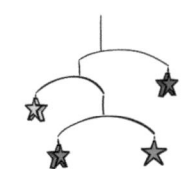

lodra të varura tek krevati i fëmijëve

mobile

tavolinë lojërash

board game

zare

dice

model treni

model train set

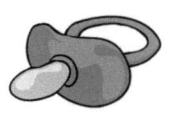

biberon

dummy

festë

party

libër me ilustrime

picture book

top

ball

kukull

doll

luaj

play

grumbull rëre

sandpit

kolovarëse

swing

lodra

toys

leva për lojra video

video game console

triçikël

tricycle

arush prej pellushi

teddy bear

garderobë

wardrobe

veshje

clothing

çorape

socks

çorape të gjata

stockings

geta

tights

shall
scarf

çadër
umbrella

bluzë pa jakë
t-shirt

rrip
belt

çizme
boots

pantofla
slippers

atlete
trainers

sandale
sandals

këpucë
shoes

çizme llastiku
rubber boots

të mbathura
underpants

reçipeta
bra

kanotierë
vest

trup

body

pantallona

trousers

xhinse

jeans

fund

skirt

bluzë

blouse

këmishë

shirt

pulovër

pullover

triko

hoodie

xhaketë

blazer

xhaketë

jacket

pallto

coat

mushama shiu

raincoat

kostum

costume

fustan

dress

fustan nusërie

wedding dress

kostum

suit

këmishë nate

nightgown

pizhama

pyjamas

sari (veshje tradicionale
indiane)

sari

shami koke

headscarf

çallmë

turban

eshje për femrat e besimit
musliman

burqa

kaftan (lloj veshjeje
tradicionale)

kaftan

ferexhe

abaya

kostum banje

swimsuit

rroba banje

trunks

pantallona të shkurtra

shorts

tuta sporti

tracksuit

përparëse

apron

dorashka

gloves

kopsë

button

syze

glasses

byzylyk

bracelet

gjerdan

necklace

unazë

ring

vath

earring

kapuç

cap

varëse për pallto

coat hanger

kapele

hat

kravatë

tie

zinxhir

zip

helmetë

helmet

tiranda

braces

uniformë shkolle

school uniform

uniformë

uniform

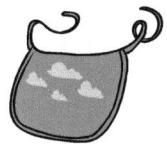

gushore

bib

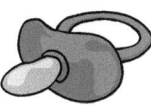

biberon

dummy

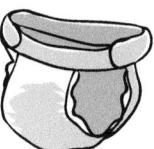

pelenë

nappy

zyrë

office

server
server
skedar
filing cabinet
printer
printer
letër
paper
ekran
monitor
maus
mouse
tavolinë
desk
dosje
folder
tastierë
keyboard
kosh letrash
waste-paper basket
kompjuter
computer
karrige
chair

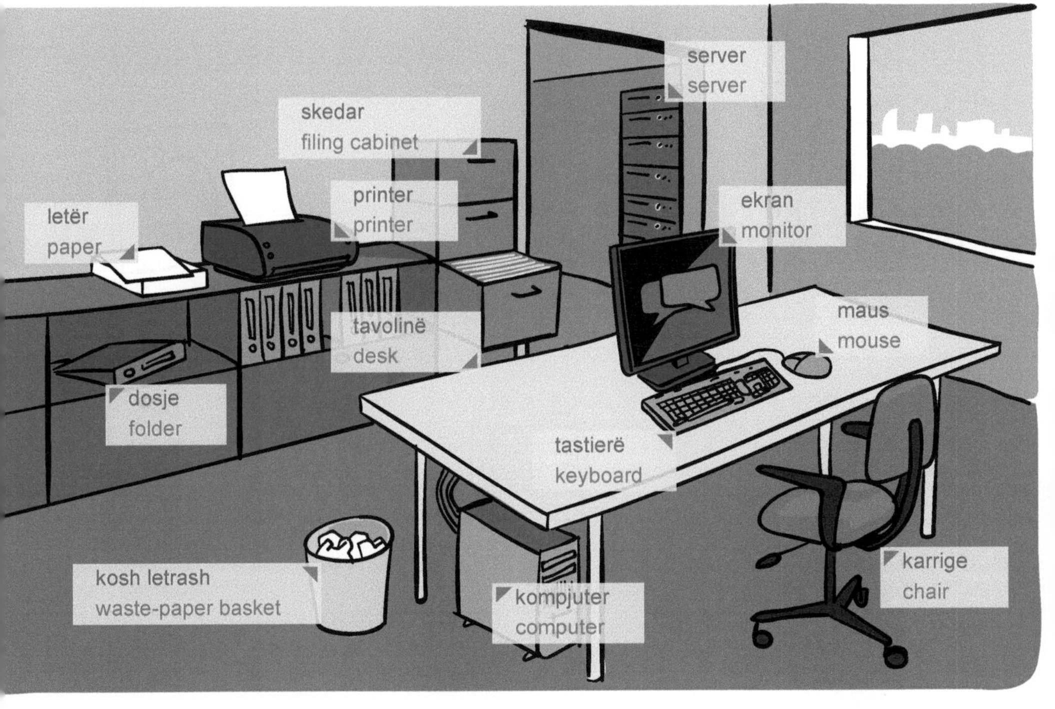

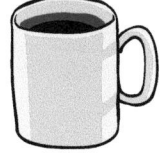

filxhan kafeje

coffee mug

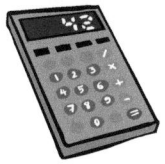

makinë llogaritëse

calculator

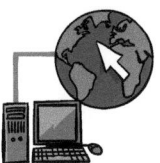

internet

internet

kompjuter portativ

laptop

letër

letter

mesazh

message

telefon

mobile

rrjet

network

fotokopje

photocopier

program

software

telefon

telephone

prizë

plug socket

pajisje faksi

fax machine

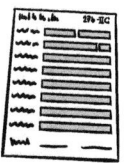

formular

form

dokument

document

blej

buy

paguaj

pay

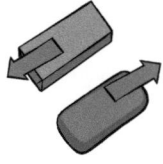

tregtoj

trade

para

money

dollar

dollar

euro

euro

jen

yen

rubla

rouble

franga zvicerane

Swiss franc

juani kinez

renminbi yuan

rupje

rupee

bankomat

cashpoint

pikë këmbimi valutor

bureau de change

ar

gold

argjend

silver

nafta

oil

energji

energy

çmim

price

kontratë

contract

taksë

tax

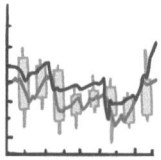

aksione

stock

punoj

work

punonjës

employee

punëdhënës

employer

fabrikë

factory

dyqan

shop

ekonomi - economy

profesionet
occupations

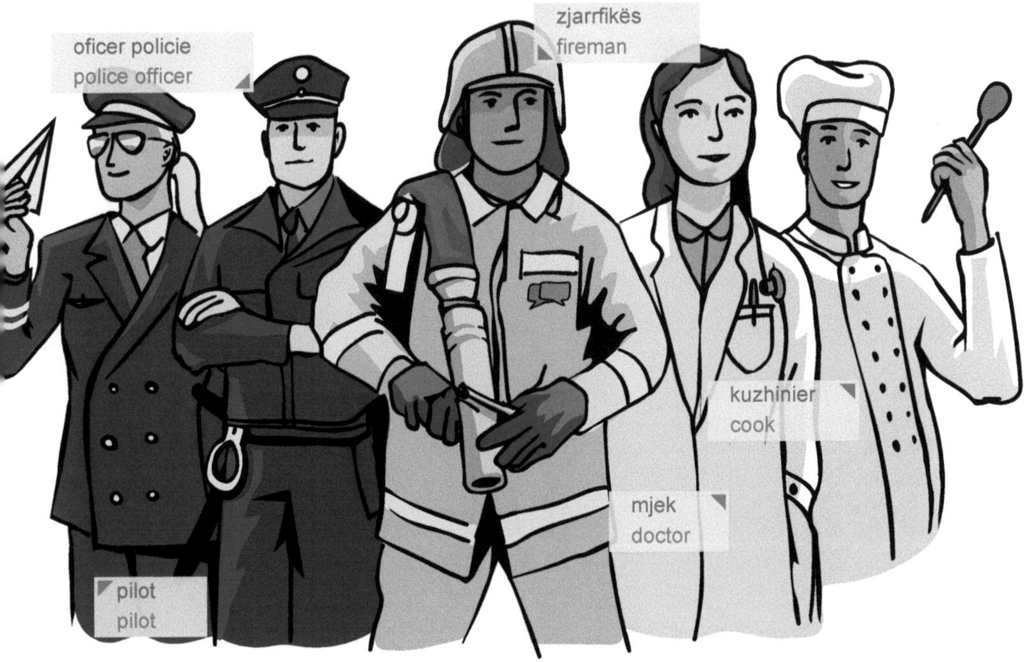

oficer policie
police officer
zjarrfikës
fireman
kuzhinier
cook
mjek
doctor
pilot
pilot

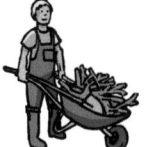

kopshtar

gardener

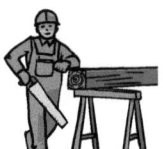

marangoz

carpenter

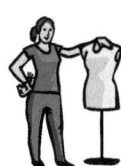

rrobaqepëse

seamstress

gjykatës

judge

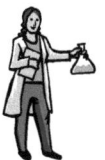

kimist

chemist

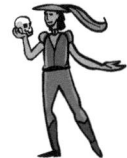

aktor

actor

shofer autobuzi

bus driver

taksist

taxi driver

peshkatar

fisherman

pastruese

cleaning lady

riparues çatish

roofer

kamarier

waiter

gjuetar

hunter

piktor

painter

furrxhi

baker

elektriçist

electrician

ndërtues

builder

inxhinier

engineer

kasap

butcher

hidraulik

plumber

postieri

postman

ushtar

soldier

arkitekt

architect

arkëtar

cashier

luleshitës

florist

berber

hairdresser

kontrollor

conductor

mekanik

mechanic

kapiten

captain

dentist

dentist

shkencëtar

scientist

rabin

rabbi

imam

imam

murg

monk

klerik

clergyman

mjete
tools

çekiç
hammer
pinca
pliers
kaçavidë
screwdriver
çelës mekanik
spanner
elektrik dore
torch

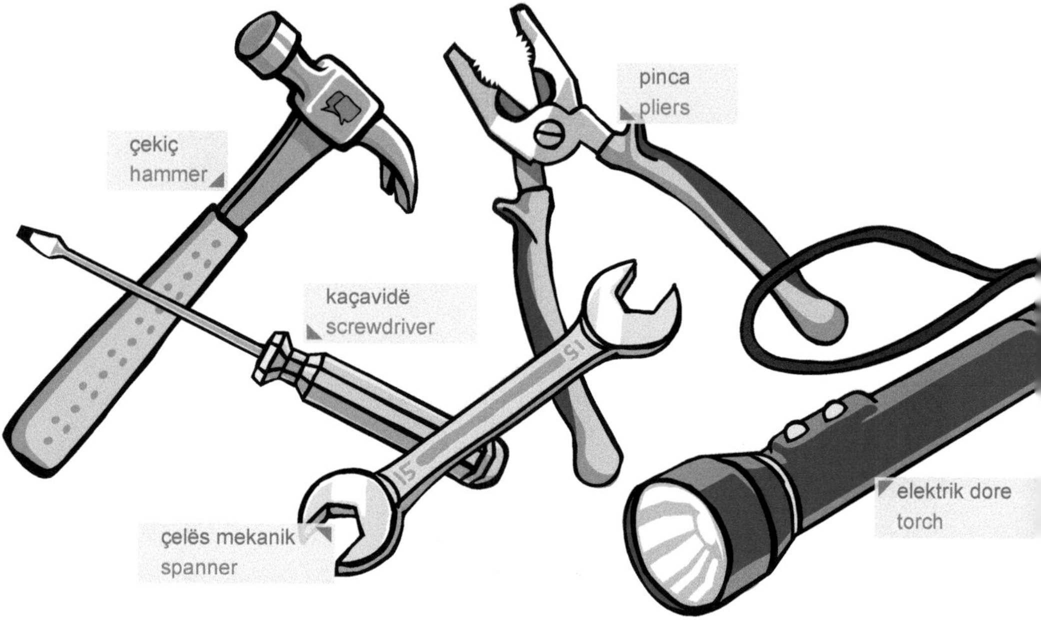

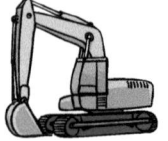

ekskavator
digger

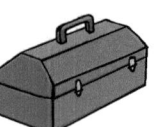

kuti veglash
toolbox

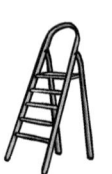

shkallë
ladder

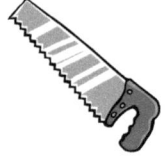

sharrë
saw

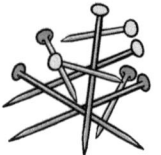

gozhdë
nails

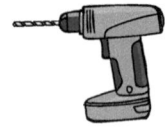

trapan
drill

riparoj
repair

lopatë
shovel

Dreq!
Damn!

kaci
dustpan

kuti boje
paint pot

vidhë
screws

instrumenta muzikorë
musical instruments

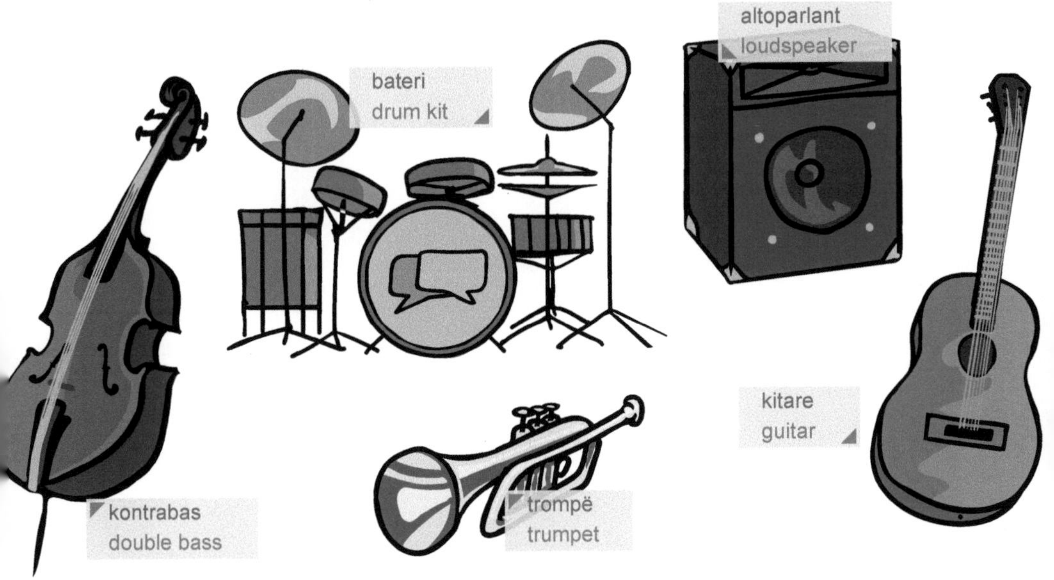

altoparlant
loudspeaker

bateri
drum kit

kitare
guitar

kontrabas
double bass

trompë
trumpet

piano

piano

violinë

violin

bas

bass

tamburë

timpani

daulle

drums

tastierë pianoje

keyboard

saksofon

saxophone

flaut

flute

mikrofon

microphone

kopsht zoologjik

zoo

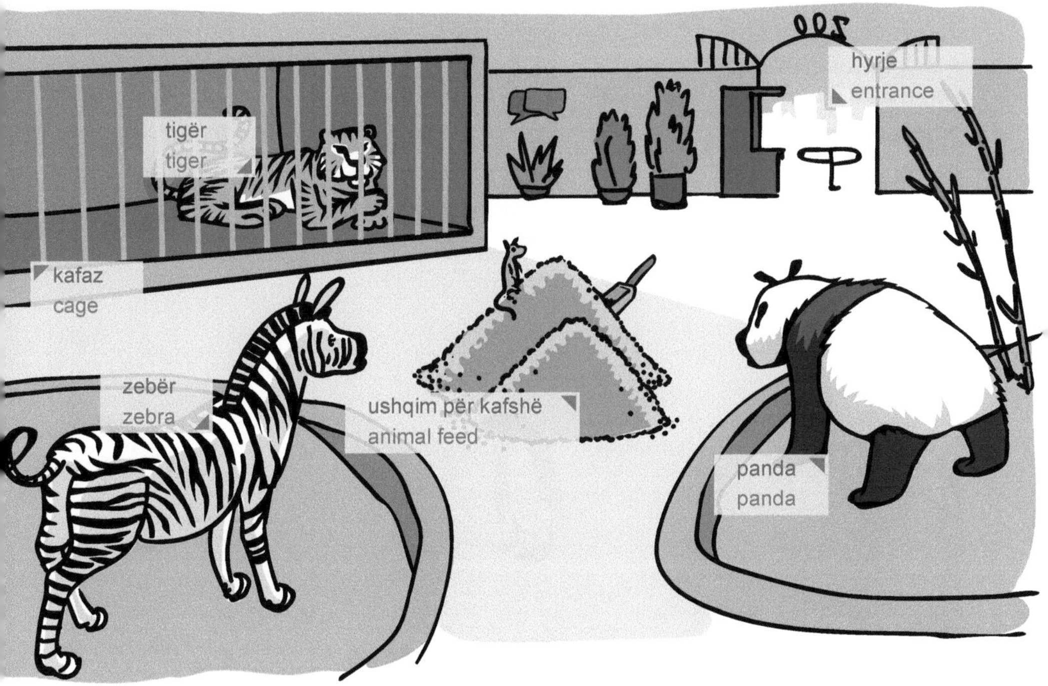
tigër
tiger
kafaz
cage
zebër
zebra
ushqim për kafshë
animal feed
panda
panda
hyrje
entrance

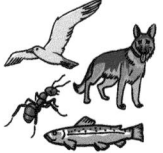

kafshë

animals

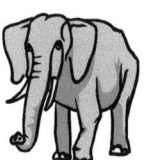

elefant

elephant

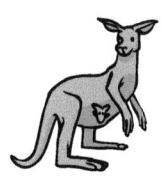

kangur

kangaroo

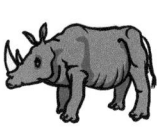

rinoceront

rhino

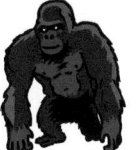

gorillë

gorilla

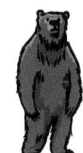

ari

bear

deve

camel

struc

ostrich

luan

lion

majmun

monkey

flamingo

flamingo

papagall

parrot

ari polar

polar bear

pinguin

penguin

peshkaqen

shark

pallua

peacock

gjarpër

snake

krokodil

crocodile

punonjës i kopshtit zoologjik

zookeeper

fokë

seal

xhaguar

jaguar

poni

pony

leopard

leopard

hipopotam

hippo

gjirafë

giraffe

shqiponjë

eagle

derr i egër

boar

peshk

fish

breshkë

turtle

lopë deti

walrus

dhelpër

fox

gazelë

gazelle

futboll amerikan
American football

çiklizëm
cycling

tenis
tennis

basketboll
basketball

not
swimming

boks
boxing

hokej mbi akull
ice hockey

futboll
football

badminton
badminton

atletikë
athletics

hendboll
handball

ski
skiing

polo
polo

aktivitet

activities

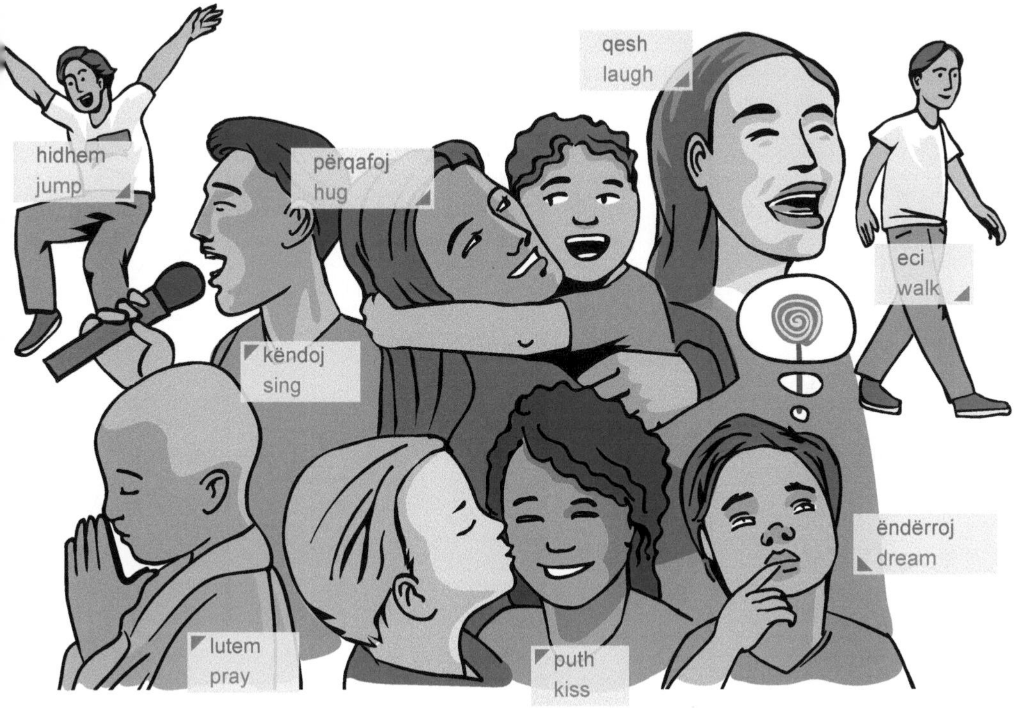
qesh
laugh
hidhem
jump
përqafoj
hug
eci
walk
këndoj
sing
ëndërroj
dream
lutem
pray
puth
kiss

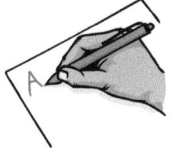

shkruaj

write

vizatoj

draw

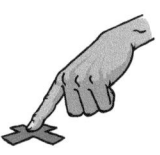

tregoj

show

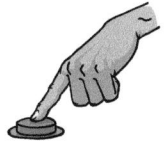

shtyj

push

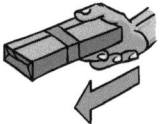

jap

give

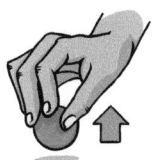

marr

take

kam

have

bëj

do

jam

be

qëndroj

stand

vrapoj

run

tërheq

pull

hedh

throw

bie

fall

shtrihem

lie

pres

wait

mbaj

carry

ulem

sit

vishem

get dressed

fle

sleep

zgjohem

wake up

shikoj

look at

qaj

cry

përkëdhel

stroke

kreh

comb

bisedoj

talk

kuptoj

understand

kërkoj

ask

dëgjoj

listen

pi

drink

ha

eat

sistemoj

tidy up

dashuroj

love

gatuaj

cook

drejtoj makinën

drive

fluturoj

fly

lundroj

sail

llogaris

calculate

lexoj

read

mësoj

learn

punoj

work

martohem

marry

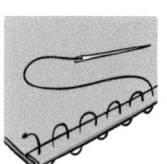

qep

sew

laj dhëmbët

brush teeth

vras

kill

tymos

smoke

dërgoj

send

familje

family

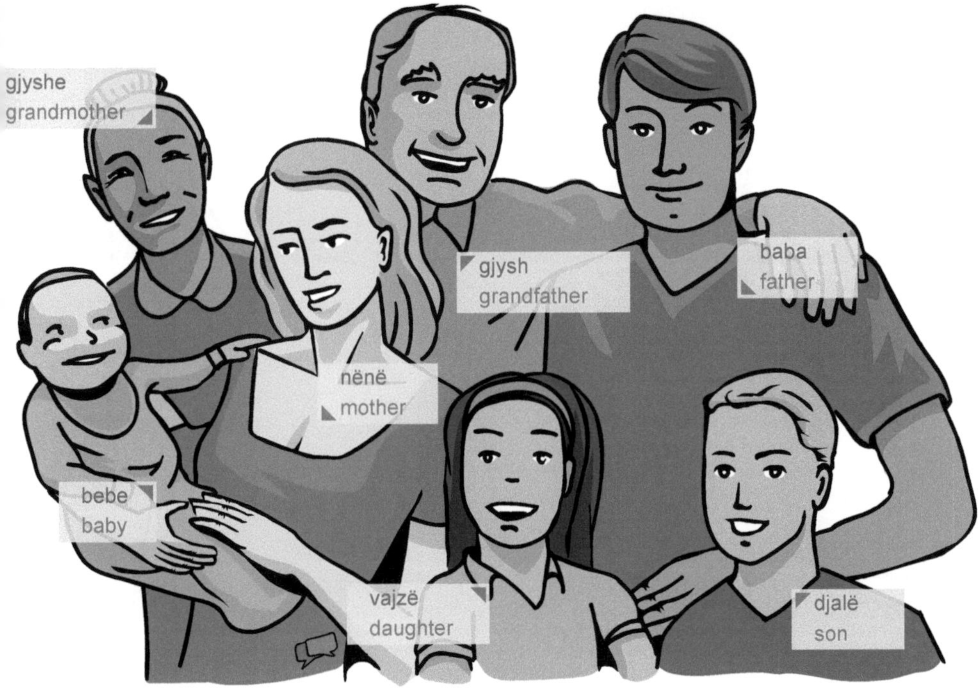

gjyshe
grandmother
gjysh
grandfather
baba
father
nënë
mother
bebe
baby
vajzë
daughter
djalë
son

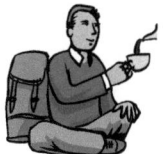

mysafir
guest

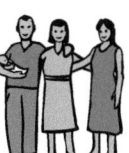

teze, hallë
aunt

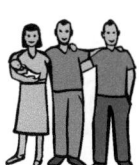

dajë, xhaxha
uncle

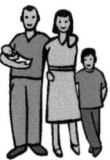

vëlla
brother

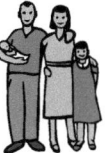

motër
sister

trupi

body

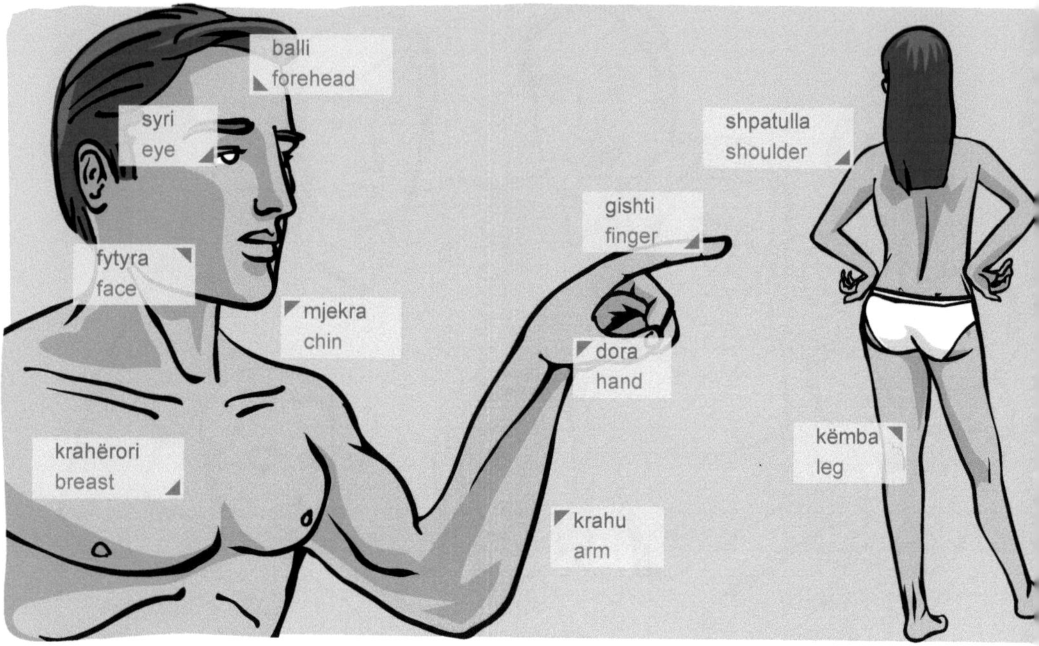

balli
forehead

syri
eye

shpatulla
shoulder

gishti
finger

fytyra
face

mjekra
chin

dora
hand

krahërori
breast

këmba
leg

krahu
arm

bebe

baby

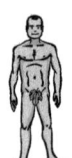

burrë

man

grua

woman

vajzë

girl

djalë

boy

koka

head

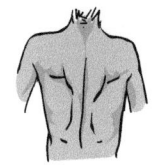

shpina

back

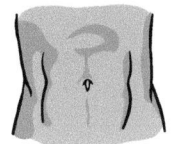

barku

belly

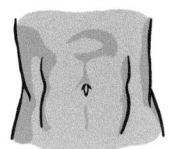

kërthiza

belly button

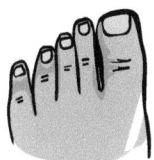

gisht këmbe

toe

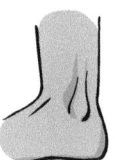

Thembra

heel

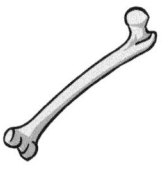

kockë

bone

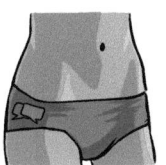

legeni

hip

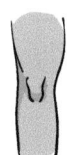

gjuri

knee

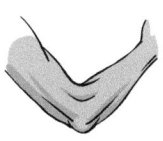

bërryli

elbow

hunda

nose

vithe

bottom

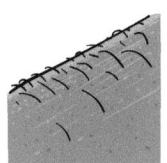

lëkura

skin

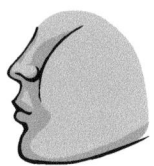

faqja

cheek

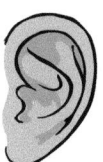

veshi

ear

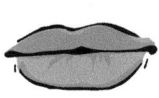

buza

lip

goja

mouth

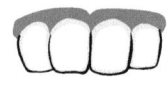

dhëmbët

tooth

gjuha

tongue

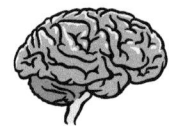

truri

brain

zemra

heart

muskul

muscle

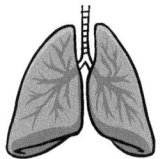

mushkëria

lung

mëlçia

liver

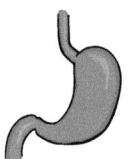

stomaku

stomach

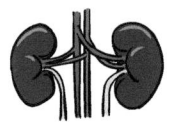

veshka

kidneys

seks

sex

prezervativ

condom

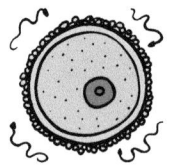

veza

ovum

sperma

semen

shtatëzani

pregnancy

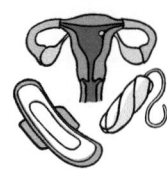

menstruacione

menstruation

vagina

vagina

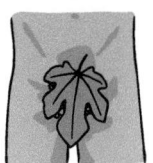

penis

penis

vetulla

eyebrow

flokët

hair

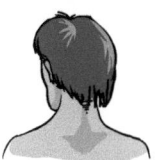

qafa

neck

trupi - body

71

spital
hospital

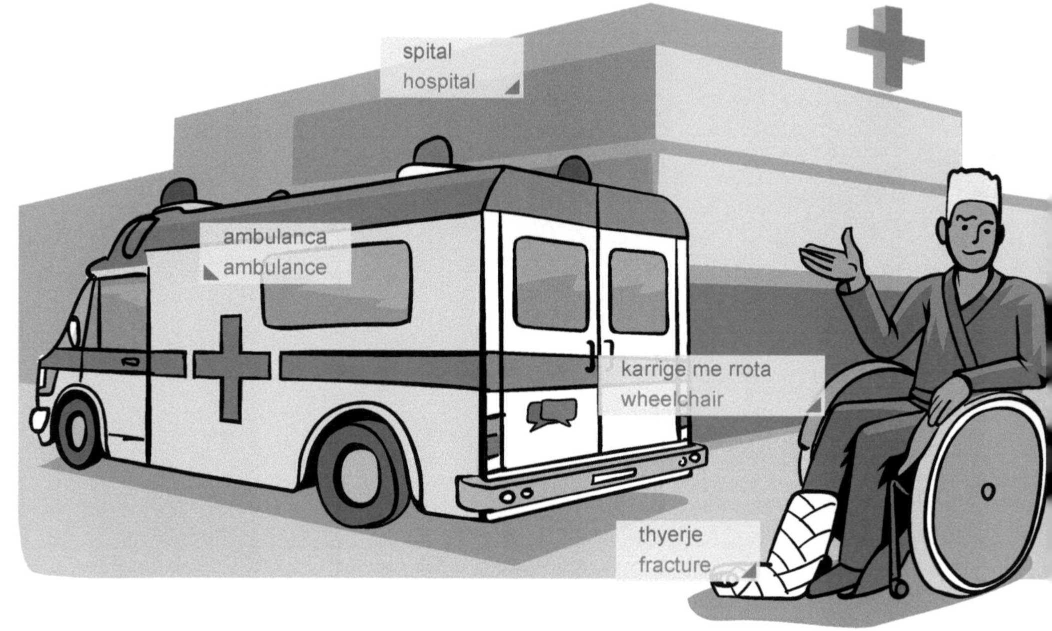

spital
hospital
ambulanca
ambulance
karrige me rrota
wheelchair
thyerje
fracture

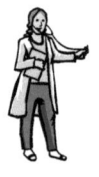

mjek

doctor

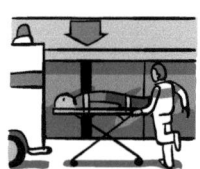

sallë urgjencash

emergency room

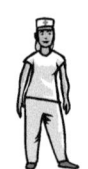

infermiere

nurse

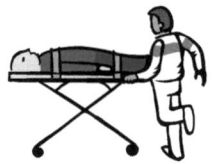

emergjencë

emergency

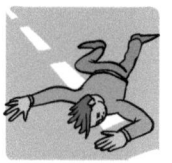

i pandërgjegjshëm

unconscious

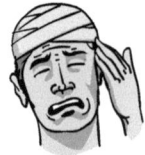

dhimbje

pain

dëmtim

injury

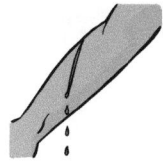

gjakosje

bleeding

infarkt

heart attack

goditje

stroke

alergji

allergy

kolla

cough

ethe

fever

grip

flu

diarre

diarrhoea

dhimbje koke

headache

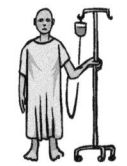

kancer

cancer

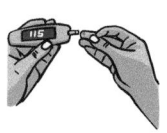

diabet

diabetes

kirurg

surgeon

bisturi

scalpel

operacion

operation

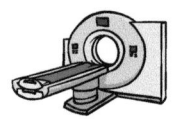

CT (skaner)
CT

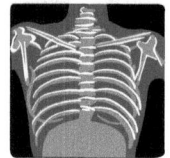

radiografi
x-ray

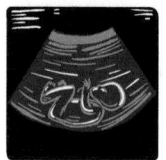

ultratingull
ultrasound

maskë fytyre
face mask

sëmundje
disease

dhomë pritjeje
waiting room

paterica
crutch

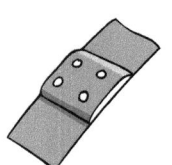

leukoplast
plaster

fasho
bandage

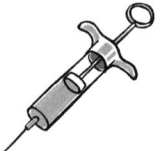

injeksion
injection

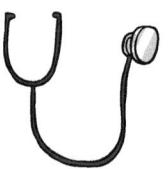

stetoskop
stethoscope

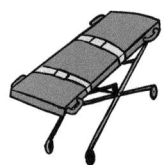

barelë
stretcher

termometër
clinical thermometer

lindje
birth

mbipeshë
overweight

aparat dëgjimi

hearing aid

dezinfektant

disinfectant

infeksion

infection

virus

virus

HIV / AIDS

HIV / AIDS

mjekësi, mjekim

medicine

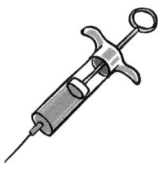

vaksinim

vaccination

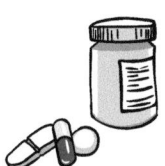

tableta

tablets

pilulë

pill

telefonatë emergjence

emergency call

aparat tensioni

blood pressure monitor

i sëmurë / i shëndetshëm

ill / healthy

Ndihmë!

Help!

alarm

alarm

sulm

assault

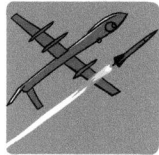

atak

attack

rrezik

danger

dalje emergjence

emergency exit

Zjarr!

Fire!

fikëse zjarri

fire extinguisher

aksident

accident

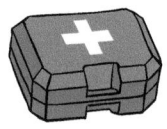

kuti e ndimës së shpejtë

first-aid kit

SOS

SOS

policia

police

Europa

Europe

Amerika e Veriut

North America

Amerika e Jugut

South America

Afrika

Africa

Azia

Asia

Australia

Australia

Atlantiku

Atlantic

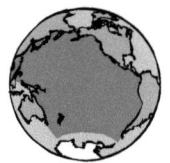

Paqësori

Pacific

Oqeani Indian

Indian Ocean

Oqeani Antarktik

Antarctic Ocean

Oqeani Arktik

Arctic Ocean

Poli i veriut

North Pole

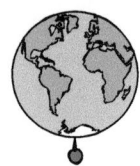

Poli i Jugut

South Pole

Antarktida

Antarctica

toka

Earth

tokë

land

det

sea

ishull

island

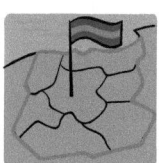

komb

nation

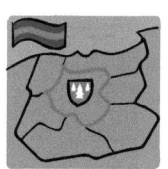

shtet

state

fusha e orës

clock face

akrepi i orës

hour hand

akrepi i minutave

minute hand

akrepi i sekondave

second hand

Sa është ora?

What time is it?

ditë

day

kohë

time

tani

now

orë dixhitale

digital watch

minutë

minute

orë

hour

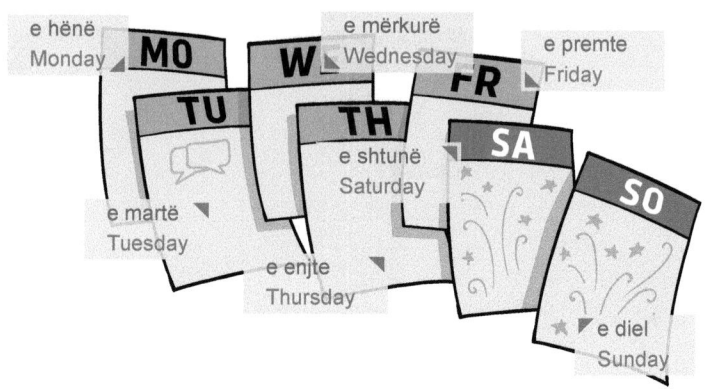

dje
....
yesterday

sot
....
today

nesër
....
tomorrow

mëngjes
....
morning

mesditë
....
noon

mbrëmje
....
evening

ditë pune
....
business days

fundjavë
....
weekend

vit

year

shi
rain
ylber
rainbow
erë
wind
borë
snow
pranverë
spring
verë
summer
vjeshtë
autumn
dimër
winter

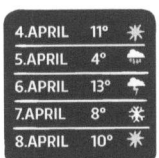

4.APRIL 11°
5.APRIL 4°
6.APRIL 13°
7.APRIL 8°
8.APRIL 10°

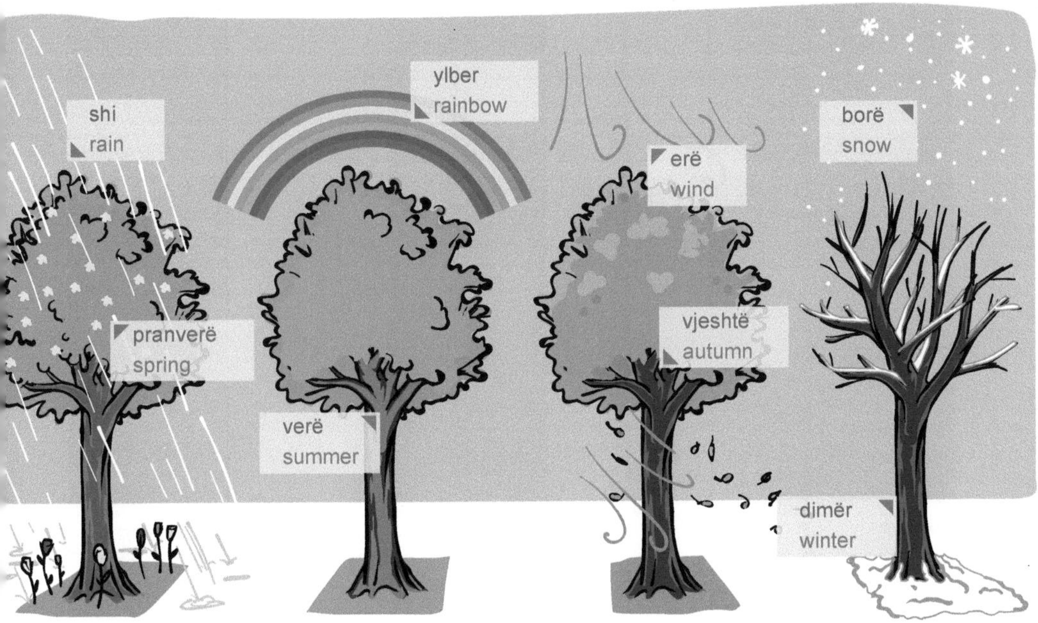

parashikimi i motit

weather forecast

F C
120 40
90 30
60 20
30 10
0 0
-30 -10
-20

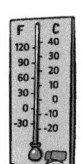

termometër

thermometer

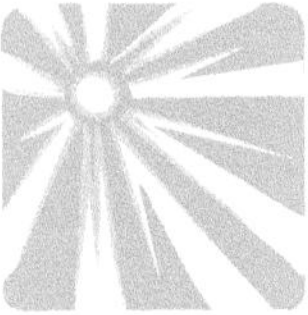

ndriçim dielli

sunshine

re

cloud

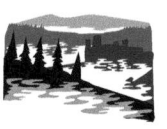

mjegull

fog

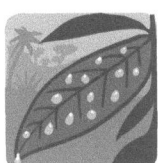

lagështi

humidity

vetëtima

lightning

gjëmim

thunder

stuhi

storm

breshër

hail

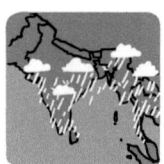

muson

monsoon

përmbytje

flood

akull

ice

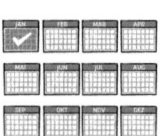

janar

January

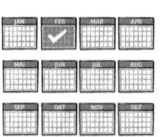

shkurt

February

mars

March

prill

April

maj

May

qershor

June

korrik

July

gusht

August

shtator
....
September

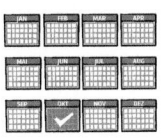

tetor
....
October

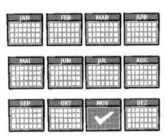

nëntor
....
November

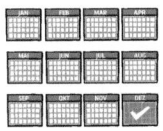

dhjetor
....
December

rreth
....
circle

katror
....
square

drejtkëndësh
....
rectangle

trekëndësh
....
triangle

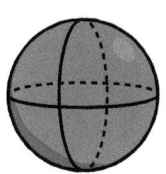

sferë
....
sphere

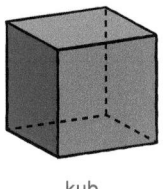

kub
....
cube

e bardhë

white

e verdhë

yellow

portokalli

orange

rozë

pink

e kuqe

red

vjollcë

purple

blu

blue

e gjelbër

green

kafe

brown

gri

grey

e zezë

black

shumë / pak

a lot / a little

i nevrikosur / i qetë

angry / calm

i bukur / i shëmtuar

beautiful / ugly

fillim / fund

beginning / end

i madh / i vogël

big / small

i ndritshëm / i errët

bright / dark

vëlla / motër

brother / sister

e pastër / e pistë

clean / dirty

e plotë / jo e plotë

complete / incomplete

ditë / natë

day / night

gjallë / vdekur

dead / alive

i gjerë / i ngushtë

wide / narrow

i ngrënshëm / i pangrënshëm

edible / inedible

i keq / i këndshëm

evil / kind

i lumtur / i mërzitur

excited / bored

i shëndoshë / i dobët

fat / thin

e para / e fundit

first / last

mik / armik

friend / enemy

plot / bosh

full / empty

e fortë / e butë

hard / soft

e rëndë / e lehtë

heavy / light

uri / etje

hunger / thirst

i sëmurë / i shëndetshëm

ill / healthy

e paligjshme / e ligjshme

illegal / legal

i zgjuar / budalla

intelligent / stupid

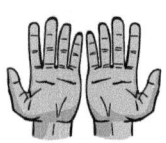

majtas / djathtas

left / right

afër / larg

near / far

e re / e përdorur
new / used

asgjë / diçka
nothing / something

i moshuar / i ri
old / young

ndezur / fikur
on / off

hapur / mbyllur
open / closed

i qetë / i zhurmshëm
quiet / loud

i pasur / i varfër
rich / poor

e drejtë / e gabuar
right / wrong

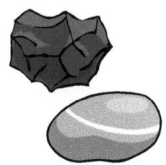

i ashpër / i butë
rough / smooth

i mërzitur / i lumtur
sad / happy

i shkurtër / i gjatë
short / long

ngadalë / shpejt
slow / fast

i lagësht / i thatë
wet / dry

ngrohtë / freskët
warm / cool

luftë / paqe
war / peace

0

zero

zero

1

një

one

2

dy

two

3

tre

three

4

katër

four

5

pesë

five

6

gjashtë

six

7

shtatë

seven

8

tetë

eight

9

nentë

nine

10

dhjetë

ten

11

njëmbëdhjetë

eleven

12

dymbëdhjetë

twelve

13

trembëdhjetë

thirteen

14

katërmbëdhjetë

fourteen

15

pesëmbëdhjetë

fifteen

16

gjashtëmbëdhjetë

sixteen

17

shtatëmbëdhjetë

seventeen

18

tetëmbëdhjetë

eighteen

19

nentëmbëdhjetë

nineteen

20

njëzetë

twenty

100

qind

hundred

1.000

mijë

thousand

1.000.000

milion

million

numra - numbers

anglisht

English

anglishte amerikane

American English

kinezisht mandarin

Chinese Mandarin

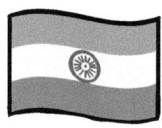

hindi

Hindi

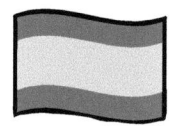

spanjisht

Spanish

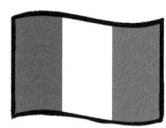

frëngjisht

French

arabisht

Arabic

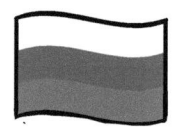

rusisht

Russian

portugalisht

Portuguese

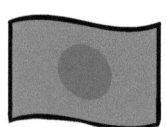

bengalisht

Bengali

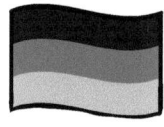

gjermanisht

German

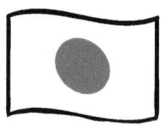

japonisht

Japanese

unë

I

ti

you

ai / ajo

he / she / it

ne

we

ju

you

ata

they

kush?

who?

çfarë?

what?

si?

how?

ku?

where?

kur?

when?

emër

name

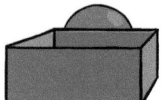

pas

behind

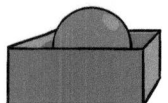

në

in

përballë

in front of

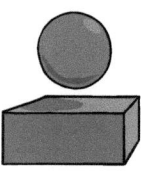

sipër

over

mbi

on

poshtë

under

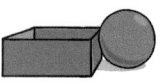

pranë

beside

midis

between

vend

place